THIS SCISSOR
SKILLS BOOK
BELONGS TO :

1	Purple	3	Pink	5	Light Blue
2	Yellow	4	Grey	6	White

1 Grey
2 Pink
3 Light Blue
4 Purple
5 Light Yellow

CUT & GLUE
Color Cutout Glue
1 2 3
USE EXAMPLE OR
YOUR IMAGINATION

1	Pink	**3**	Dark Pink	**5**	Blue
2	Orange	**4**	Red	**6**	Green
7	Yellow	**8**	Brown			

1	White	4	Yellow	7	Light Black
2	Light Blue	5	Dark Pink	8	Light Grey
3	Light Green	6	Purple	9	Dark Yellow

1	Dark Grey	4	Dark Pink	7	Purple
2	Blue	5	Green	8	Light Blue
3	White	6	Yellow	9	Light Pink

1	Light Pink	4	Light Yellow
2	Dark Pink	5	Light Red
3	Light Green	6	Dark Purple

1	**Dark Pink**	3	**Light Blue**	5	**Purple**
2	**Light Pink**	4	**Yellow**	6	**Dark Grey**
7	**White**				

1	Grey	4	Light Yellow	7	Purple
2	Dark Blue	5	Light Green	8	Dark Pink
3	White	6	Yellow		

1	Dark Grey	**4**	Yellow
2	Light Purple	**5**	Light Blue
3	Light Pink	**6**	Dark Pink

CUT & GLUE

Color Cutout Glue

1 2 3

USE EXAMPLE OR YOUR IMAGINATION

1 Grey		**4** Orange		**7** Light Yellow	
2 Light Pink		**5** Grean		**8** Blue	
3 Red		**6** Purple		**9** Dark Pink	

1	Pink		**3**	Dark Pink		**5**	Purple	
2	Gray		**4**	Light Blue		**6**	Yellow	

1 Light Pink
2 Dark Pink
3 Dark Pruple
4 Dark Yellow
5 Light orange
6 Light blue
7 Green
8 Light Redd
9 Dark Blue
CUT & GLUE
Color Cutout Glue
1 2 3
USE EXAMPLE OR YOUR IMAGINATION

1	Red	4	Dark Yellow
2	Black	5	White
3	Dark Pruple	6	Light Grey

1 Red		**4** Dark Yellow		**7** Dark Pink	
2 Light Pink		**5** Light blue		**8** White	
3 Dark Pruple		**6** Light grey			

1	Light Pink	**4**	Yellow	**7**	Pink
2	Purple	**5**	Light blue	**8**	Dark Pink
3	Brown	**6**	Red		

UNICORN

1	Dark Pink	2	Light Pink	3	Light Purple

1	Red	**4**	Dark blue	**7**	Pink
2	Light Orange	**5**	Light Grey	**8**	Dark Green
3	Yellow	**6**	Dark Purple		

1 Light blue
2 Light yellow
3 Light Purple
4 White
5 Pink
6 Dark Purple
CUT & GLUE
Color Cutout Glue
1 2 3
USE EXAMPLE OR YOUR IMAGINATION

1	Dark blue	4	White
2	Dark Red	5	Pink	7	Sky Blue
3	Yellow	6	Purple

1	Light Grey	4	Green		
2	Light Purple	5	Light Pink	7	Brown
3	Light Yellow	6	Blue Sky		

1	Light Grey		**4**	Light Blue
2	Light Purple		**5**	Light Pink
3	Light Yellow			

1	Light Pink	4	Light Blue
2	Light Purple	5	Pink
3	Light Yellow		

CUT & GLUE

Color Cutout Glue

1 2 3

USE EXAMPLE OR YOUR IMAGINATION

1	Purple	4	Dark Pink	7	Yellow
2	Light purple	5	Light Blue	8	Red
3	Pink	6	Dark Purple		

| 1 | Blue | 3 | Light Red | 5 | Yellow |
| 2 | Light Grey | 4 | Light Pink | 6 | Dark Purple |